DE LA CONSÉCRATION

Par les lois positives

DU

DROIT DE PROPRIÉTÉ LITTÉRAIRE

PAR

Le Dr Vladimir PAPPAFAVA

Zara (Dalmatie).

(Extrait de la *Revue catholique des Institutions et du Droit.*)

GRENOBLE
BARATIER ET DARDELET, IMPRIMEURS-LIBRAIRES
Grande-Rue, n° 4

1885

DE LA CONSÉCRATION

PAR LES LOIS POSITIVES

DU DROIT DE PROPRIÉTÉ LITTÉRAIRE.

Les législations antiques ne reconnaissaient ni ne protégeaient le droit de propriété littéraire. On se l'explique facilement : même aux époques les plus brillantes de la Grèce et de Rome (1), le nombre des savants et des lettrés fut toujours limité. Puis les difficultés et les lenteurs des communications, la rareté et la cherté du parchemin ou du papyrus, les labeurs de la copie rendirent très coûteuses, jusqu'à la découverte de l'imprimerie, les reproductions des œuvres de génie.

Aussi voyons nous Platon payer cent mines deux traités de Pythagore, et Aristote trois talents les œuvres de Speusippe, neveu de Platon (2). Au XIe siècle, Agnès, femme de Godefroy, comte d'Anjou, donnait à un évêque, en échange d'un recueil d'homélies, deux cents brebis, cent peaux de martres, un muid de froment, un de seigle et un de millet; enfin, quatre livres d'argent. — En 1332, Godefroy de Saint-Léger cède par-devant notaire, à Gérard de Mon-

---

(1) Exclusivement occupées de la guerre, les célèbres républiques de l'antiquité, Lacédémone surtout, non seulement ne favorisaient pas, mais prohibaient l'instruction. Rome exista 500 ans sans qu'il y naquit un seul auteur. D'après Denys d'Halicarnasse, Romulus avait défendu aux Romains de cultiver les sciences et les arts. « *Artes sedentariæ ac illiberales..... ut corpus et animum homines cas exercentium perdentes ac labefactantes, servis et exteris exercendas* (Romulus) *dedit; et diu apud Romanos hæc opera habita sunt ignominiosa nec ullus indigenas, eas exercuit. Duo vero sola studia ingenuis hominibus reliquit : agriculturam et bellicam artem.* (Denys, I. p. 296). — Plus tard, le Sénat chassa les philosophes et les rhéteurs grecs. (Cantù, *Hist. univ.*, I, p. 781 ; — Drago, *Annotazioni alla legge, 25 giugno 1865*, p. 39). — Caton fit congédier Carnéade, Diogène et Critolaus, quoique ambassadeurs, et blâmer le consul Marcus Nobilior pour avoir amené quelques poètes dans sa province. (Cicer., *Tuscul.*, l. I, § 2.)

(2) Boccardo, *Dizionario di economia pol. e del commerc.*, V, III, p. 87.

— 4 —

tagu, un livre intitulé : *Speculum historiale in consuetudines parisienses*, au prix de quarante livres parisis (1). — Vers 1392, Anastasie de Blois, baronne de Germanie, lègue pour dot, à sa fille, quelques livres contenant l'ensemble des règles des belles lettres, en lui recommandant d'épouser un homme de robe qui sût apprécier ce riche trésor à sa juste valeur. — Antonio Pacatelli, de Palerme, achète les œuvres de Tite-Live cent vingt écus d'or d'un nommé Poggio, et Léon X cinq cent sequins les cinq premiers livres des *Annales* de Tacite (2).

Ainsi, à cette époque, les auteurs, loin de pouvoir espérer retirer de la vente de leurs œuvres une juste rémunération, étaient heureux de trouver quelqu'un qui se chargeât de répandre des copies de leurs œuvres. C'est ainsi que Quintilien et Pline se réjouissent d'apprendre que leurs ouvrages étaient recherchés, et ils se bornent à recommander aux copistes de les transcrire avec soin. (*Quintil. Institut. orator. littera ad Trifon. librarium* ; — Pline, Epist. II, lib. IX). Le poète Martial se plaint que son libraire vend trop cher le premier livre de ses épigrammes et fixe le prix des autres à un prix si réduit que le bénéfice est presque nul. Souvent les auteurs, pour se faire connaître et parvenir à la gloire, lisaient leurs œuvres dans des réunions publiques ou privées. Ainsi firent chez les Grecs, Hérodote, Pindare, Chérile, Sophocle, etc., et, à à Rome, Livius Andronicus, Nævius, Plaute, Afranius, Lavinius, Turpilius, Trabea, Ennius, Stace, etc. (Daunou, *Guerre du Péloponèse*, vol. I ; — Gardella, *Histoire de la littérature grecque* ; — Cantù, *Hist. univ.*, vol. II, ch. XIX, p. 289 et s.)

Dans ces conditions, une loi consacrant le droit exclusif des auteurs à publier et reproduire leurs œuvres aurait manqué d'objet (3).

---

(1) La livre parisis valait un cinquième de plus que la livre tournois, ce qui équivalait à une livre pesant d'argent. *Rép. des connaissances usuelles*, XXXV, V° libraire, p. 1834.

(2) Cantù, *Hist. univ.*, XII, 1, p. 8.

(3) Si le droit exclusif de publier et de reproduire leurs œuvres n'était pas garanti aux auteurs par les législations antiques, ce n'est pas à dire que l'on méconnût la convenance qu'il y avait à récompenser leurs mérites et leurs fatigues. En même temps qu'un tribut d'hommages et d'admiration, on leur accordait des charges et des honneurs. Selon Pline l'ancien, les Athéniens rappelèrent Thucydide d'exil dès qu'ils connurent son *Histoire du Péloponèse*, et, d'après Pausanias, le peuple fit élever une statue à Enobios, promoteur du décret de rappel. — Pendant la guerre de Sicile, les Syracusains égorgeaient sans pitié les prisonniers athéniens, mais, quand ils leur entendirent déclamer des vers

Mais, vers le milieu du xve siècle, vint la découverte de l'imprimerie. La reproduction des œuvres littéraires fut rendue facile, et les obstacles matériels, qui s'étaient opposés jusque-là au mouvement intellectuel, disparurent en grande partie; en sorte qu'il devint possible aux auteurs de retirer un profit matériel de leurs productions.

Cependant l'histoire nous apprend que ce furent les typographes et les libraires, dont les intérêts étaient plus sensibles et plus évidents, qui, avant les auteurs, demandèrent et obtinrent des garanties relativement à leurs éditions.

A peine l'imprimerie découverte, les érudits et les lettrés se mirent à tirer de l'oubli et à publier les trésors manuscrits de l'antiquité bien plutôt qu'à composer. Ils s'occupèrent surtout de discuter et de confronter les textes, et de choisir les meilleurs pour les imprimer. Ce fut précisément pour la reproduction des ouvrages ainsi révisés que les libraires, qui alors étaient ordinairement en même temps typographes, sollicitèrent des privilèges. Bientôt, en effet, il était arrivé que certains, dans un but de lucre, s'emparant des travaux d'autrui, reproduisaient avec moins de science, de peine et de risques les œuvres publiées d'après des manuscrits revisés et corrigés par d'autres. Ces privilèges, consistant dans le droit exclusif pour les libraires et les éditeurs de publier, pendant un temps déterminé, les ouvrages à eux cédés, étaient demandés au chef de l'Etat et aussi au Pape et aux évêques. Dans ces temps troublés il était bon de pouvoir invoquer la protection de l'Eglise qui, si elle n'était pas la plus forte, était du moins plus respectée et plus vénérée que celle des gouvernements. Le premier privilège accordé le fut en 1469 par le Sénat de Venise à Jean Spira pour l'impression des lettres de Cicéron et de Pline; la première infraction à un privilège fut celle commise à Milan par Alexandre Minuziano. Il réimprima l'*Histoire de Tacite* dont Beroald publiait à ce moment à Rome les cinq premiers livres, après avoir obtenu pour cela, en 1515, un privilège de Léon X, portant défense d'éditer cet auteur, sous peine de l'excommunication *lata sententia* et d'une amende de deux cents ducats d'or.

---

d'Euripide, ils brisèrent leurs chaînes et les renvoyèrent dans leur patrie après leur avoir donné l'hospitalité. — Les Eléens accordèrent le droit de cité à Phidias, persécuté par les Athéniens et les Romains à Apollonius de Rhodes. — On sait qu'Auguste, en entrant à Alexandrie, dit aux citoyens qu'un des motifs pour lesquels il leur pardonnait était de faire plaisir à son ami le philosophe Arcos.

En 1494, nouveau privilège vénitien en faveur d'Herman Lichtenstein, pour l'impression du *Speculum historiale* de Vincent de Beauvais. En 1495, Louis Sforza en accorde un, pour les œuvres de Campano, à Michel Ferner et Eustache Silber.

En Allemagne, le plus ancien privilège est de 1490 ; il fut accordé par l'évêque Henri, de Bamberg, pour un missel de son église. Un ouvrage de Püter (*Beitrage zum Staat und Fürstenruhle*, I, p. 251), parle d'un privilège accordé en 1491 à Pierre Ferrier. En 1501, 1510, 1514, il en est accordé par l'Empereur. A côté de ces privilèges spéciaux, certains ordres religieux, comme les Jésuites ou des corps publics en reçurent de généraux ; ce qui leur permettait d'en concéder de particuliers aux mêmes conditions.

En Angleterre, le plus ancien privilège connu est celui qui fut accordé en 1518 à Richard Pynson, imprimeur royal, pour une œuvre de circonstance : *Oratio Richardi Pacei in pace nuperrima composita, impressa Londini, anno Verbi Incarn. MDXVIII, idibus Novembri, per Richardum Pynson, regium impressorem, cum privilegio a rege indulto ne quis hanc orationem intra biennium in regno Angliæ imprimat, aut alibi impressam aut importatam in eodem regno Angliæ vendat.*

En France, Conrad Neobar, nommé imprimeur royal, par ordonnance du 17 janvier 1538, eut le privilège que les imprimeurs et libraires du royaume ne pourraient pas vendre les ouvrages édités par lui pendant cinq ans, si c'étaient des nouveautés et pendant deux s'il s'était borné à réimprimer, avec corrections faites par des érudits d'après d'anciens manuscrits. Postérieurement, le libraire Joseph Bade eut un privilège pour les *Institutiones oratoriæ* de Quintilien, à la condition de ne pas les vendre plus de seize sols.

Les auteurs satisfaits de ce que leur donnaient les libraires ou renonçant en leur faveur à tout bénéfice, ne songeaient pas encore à réclamer une reconnaissance précise et publique de leurs droits. A cela il y avait plusieurs raisons. Tout d'abord, les frais de publication d'un livre étant assez élevés, et la vente qui les couvrait ne se faisant que lentement, les auteurs ne pouvaient y faire face ou ne voulaient pas s'y risquer. Ensuite, la corporation des libraires, jalouse de ses prérogatives se serait regardée comme lésée si on avait accordé aux auteurs eux-mêmes le droit de vendre leurs œuvres. — Ajoutez à cela que les auteurs éprouvaient une sorte de répugnance à vivre du produit de travaux intellectuels ; il leur semblait que c'était les avilir.

Mais le culte du beau et du vrai, allant toujours croissant, on se fit des idées plus exactes sur la noblesse des travaux intellectuels et sur la légitimité du profit qu'on en peut retirer. Ce nouvel élan des études eut pour résultat d'accroître beaucoup le commerce des libraires et en même temps leurs bénéfices, grâce à leurs privilèges. Les auteurs s'en émurent, eux qui souvent pour vivre en étaient réduits à recourir à la faveur de quelque puissant Mécène et qui savaient par expérience..

« .... *come sa di sale*
Lo pane altrui, e come e duro calle
Lo scendere e il salir per l'altrui scale...

Ils se mirent à réclamer la reconnaissance de leurs droits, afin que ce que produisaient leurs œuvres leur revint comme c'était justice. Seulement, imitant ce qu'avaient fait les libraires, ils demandèrent et obtinrent des concessions spéciales et personnelles, au lieu d'invoquer la protection d'une loi générale, établissant un principe.

Ainsi sous le règne d'Henri VIII, un privilège fut accordé à Reginald Wolf, pour toutes les œuvres « *quæ propria sua industria, diligentia atque labore conquisivit.* » Un des plus anciens de cette nature est celui accordé à l'Arioste, par la seigneurie de Florence. Il est enjoint aux éditeurs et aux libraires « *ne audeant vel presumant imprimere nec imprimi facere, nec vendere nec vendi facere librum sive novum opus quod intitulatur* Orlando Furioso *sine expressa licentia dicti domini Ludovici de Ariostis... durante ipsius vita domini Ludovici.* » — En 1550, privilège de sept ans à « Jehan Palgrave, angloys, natif de Londres et gradué de Paris, auteur d'une grammaire intitulée : *Esclarcissement de la langue françoyse.* »

Quoique les privilèges, comme nous l'avons dit ailleurs, constituent en général une protection dangereuse pour un droit, puisqu'ils paraissent précisément en être la négation, cependant ceux dont s'agit furent un grand pas vers la reconnaissance légale des droits d'auteurs.

De toutes parts surgirent de vaillants défenseurs de ce droit, l'affirmant et le proclamant comme un droit naturel et dès lors préexistant à toute loi. En Allemagne, ce furent Pütter, Werner, Carpzow, Fichte, Kant ; en Italie, l'avocat Collini, le professeur Centofanti ; en Angleterre, Godson ; en France, Druy, d'Héricourt, Diderot, Voltaire, Séguier, Linguet, Pic, Gastambide, Blanc, Mirabeau, etc.

La conscience de ce droit devint de plus en plus universelle et les législateurs de tous les pays civilisés se virent contraints de le reconnaître d'une manière plus ou moins large. Cela n'empêcha pas quelques concessions personnelles, ce fut même le moyen qui servit à combler la distance qu'il y a entre des privilèges et un droit, des exceptions et une règle générale, l'arbitraire capricieux et l'impartiale justice.

En France la loi du 19 janvier 1791, garantit aux auteurs dramatiques le droit exclusif de reproduction leur vie durant et pendant cinq ans pour leurs héritiers et ayant cause. Un décret du 19 juillet 1793, provoqué par Chénier, l'étendit à tous les auteurs sans distinction, et porta à dix le délai de cinq ans. Un décret du 1er Germinal, an XIII, accorda aux propriétaires d'œuvres posthumes les mêmes droits qu'aux auteurs.

Un décret impérial du 5 février 1810, contenant un règlement sur l'imprimerie et la librairie, garantit les droits d'auteurs durant leur vie et celle de leur veuve, ou, si ces droits reviennent à leurs enfants, pendant une période de vingt ans après leur mort.

Mais ces dispositions ne suffisaient pas pour concilier les exigences légitimes des auteurs et de la société. Le 12 décembre 1825, une commission composée de publicistes, de littérateurs et d'artistes, présidés par le vicomte de la Rochefoucauld, fut chargée de préparer un projet de loi sur la propriété littéraire. Rejetant le système de la propriété absolue et perpétuelle, elle fit un projet étendant les droits à cinquante ans; mais il ne fut pas accepté. En 1836, autre commission présidée par le comte de Ségur, et trois ans après par Salvandy, ministre de l'instruction publique; mais ils ne réussirent ni l'un ni l'autre à faire adopter leur principe de la perpétuité des droits d'auteur.

Il y eut de longues et importantes discussions à la chambre des pairs et à celle des députés, le délai de cinquante ans fut proposé, mais on ne put aboutir et les divers projets proposés finirent par être rejetés. Toutefois on parvint à faire adopter le 3 août 1844, une loi étendant aux œuvres dramatiques les dispositions du décret du 5 février 1810, avec cette seule différence que la jouissance de la veuve était, comme celle des enfants, limitée à vingt ans.

La question cependant était toujours discutée et l'on arrive ainsi à la loi du 8 avril 1854, qui garantit la propriété exclusive de leurs œuvres, aux auteurs et aux artistes, ainsi qu'à leurs veuves s'ils étaient mariés sous le régime de la communauté, leur vie durant ainsi qu'à leurs descendants en ligne directe, pendant trente ans à partir de leur mort ou de l'extinction des droits des veuves.

Enfin, la loi du 18 juillet 1866 fixa invariablement à cinquante ans, à partir du décès, la durée de la propriété littéraire ou artistique. Pendant cette période de cinquante ans, le conjoint survivant, quel que soit le régime matrimonial, et indépendamment des droits qui peuvent résulter en sa faveur du régime de la communauté, a la simple jouissance des droits, dont l'auteur prédécédé n'a pas disposé par acte entre-vifs ou par testament. Toutefois, si l'auteur laisse des héritiers à réserve, cette jouissance est réduite au profit de ces héritiers, suivant les proportions et distinctions établies par les articles 913 et 914. Cette jouissance n'a pas lieu lorsqu'il existe, au moment du décès, une séparation de corps prononcée contre ce conjoint ; elle cesse en cas de second mariage.

La législation française ne s'occupe pas de l'auteur anonyme ou caché sous un pseudonyme. La doctrine et la jurisprudence décident que dans ce cas les droits d'auteur reviennent à l'éditeur mais que pendant tout le cours de leur durée, l'auteur ou ses ayant-cause peuvent les revendiquer pourvu que leurs prétentions soient justifiées.

Pour que l'on puisse poursuivre en justice en cas de contrefaçon, il faut déposer à la bibliothèque du ministre de l'Intérieur deux exemplaires s'il s'agit d'un ouvrage imprimé et trois s'il s'agit de gravure ou dessin.

C'est là une imperfection dans la loi française, puisque, d'une part, elle limite la publicité des droits d'auteur et que, de l'autre, elle impose, sans motif suffisant, des obligations différentes suivant le genre de l'ouvrage.

Les contrefacteurs sont punis, d'après les articles 425-429 P., d'une amende de 25 à 2,000 fr. et de la confiscation de tous les exemplaires ou objets contrefaits, lesquels servent à indemniser l'auteur à concurrence du préjudice causé.

Protection et répression sont les mêmes qu'il s'agisse d'un ouvrage national ou de l'ouvrage d'un étranger. Disposition, excellente et surtout très juste, admise aussi par l'Italie, et un jour, espérons-le, par tous les Etats civilisés.

En Belgique, une loi du 23 septembre 1814, (art. 5) abrogeant toutes les lois sur les livres émanées du gouvernement français, constitue en ces termes le droit de propriété littéraire : « Tout auteur d'un ouvrage original a le droit exclusif de le faire imprimer et débiter dans le gouvernement de la Belgique pendant sa vie. Sa veuve et ses héritiers conservent le même droit pendant la leur. » La loi du 25 janvier 1817, qui forme aujourd'hui la base de la législation belge en cette matière, fixe les droits d'auteur à la vie de celui-ci et à une durée de vingt ans après sa mort.

Une autre du 21 octobre 1830 précise que les auteurs dramatiques de pièces jouées pour la première fois en Belgique auront, pendant leur vie, le droit d'accorder ou de refuser la permission de jouer ces pièces. Ce droit persiste dix ans après leur décès au profit de leurs héritiers en ligne directe, ou de leur veuve, s'ils n'ont que des collatéraux.

La Belgique, centre actif de contrefaçons pendant bien longtemps, s'est beaucoup occupée de la question des droits d'auteurs. Aussi, le 27 septembre 1858, il y eut à Bruxelles un congrès de plus de trois cents littérateurs, professeurs et économistes de tous les pays pour discuter ces droits.

Des procès-verbaux publiés par Edouard Romberg, il ressort que le congrès rejeta le principe de la perpétuité des droits d'auteur, mais affirma que l'auteur a cependant un droit véritable sur ses productions. Puis furent exprimés, entre autres choses, les vœux suivants : que toutes les législations reconnaissent ce droit ; — que les auteurs étrangers soient absolument assimilés aux auteurs nationaux et ne soient pas astreints pour jouir des droits de propriété littéraire à remplir d'autres formalités que celles du lieu où a paru la première édition de leurs ouvrages ; — que tous les pays adoptent pour protéger les œuvres littéraires et artistiques une législation basée sur des principes uniformes ; — que les auteurs aient, leur vie entière, la jouissance exclusive du droit de publication et de reproduction et qu'ils puissent céder jouissance ou seulement droit en tout ou en partie ; — que le conjoint survivant conserve les mêmes droits sa vie entière, et que les héritiers ou cessionnaires de l'auteur en jouissent pendant cinquante ans, à partir de la mort de l'auteur ou de l'extinction des droits du conjoint.

En 1861 et en 1877, deux Congrès semblables se réunissaient à Anvers; deux autres en 1878 à Paris, l'un pour la propriété artistique, l'autre pour la propriété littéraire. A la suite de ce dernier fut organisé l'Association littéraire internationale devenue depuis l'*Association littéraire et artistique internationale*.

En 1883, cette société tenait sa sixième réunion annuelle à Berne et y élaborait un projet de constitution d'une Union générale pour la protection des droits d'auteur. Le projet fut transmis au Conseil fédéral suisse, avec prière de prendre l'initiative de négociations diplomatiques en vue de réaliser un accord commun.

Le Conseil acceptait cette mission, convoquait en décembre 1883 tous les pays civilisés à une conférence préparatoire, et c'est ainsi qu'en septembre dernier (1884), a eu lieu à Berne cette conférence internationale diplomatique. Dix Etats étaient représentés, plusieurs avaient adhéré ou demandé qu'on leur envoyât les procès-verbaux ; seuls la Grèce, le Danemark, le Mexique, Saint-Domingue et Nicaragua avaient répondu négativement.

La conférence a tenu treize séances plénières ou de commissions; la langue française a été adoptée et le vote s'est fait par Etat. Le résultat de ces travaux a été la rédaction d'une Union générale pour la protection des droits d'auteur. Nous ne pouvons étudier ici ce projet qui, à lui seul, ferait l'objet d'un article (1). Disons seulement que le principe, qui se trouve dans l'article 2, est le suivant :
« Les auteurs, citoyens ou sujets d'un pays de l'Union, jouiront dans tous les autres pays des avantages que les lois respectives accordent ou accorderont aux nationaux. » Ces avantages sont subordonnés à l'existence des droits des auteurs dans leurs pays d'origine.

Les plénipotentiaires ont, en outre, émis le vœu d'une codification internationale qui, notamment, assurerait aux auteurs protection pendant leur vie et trente ans au minimum après leur mort, et assimilerait le droit de traduction au droit de reproduction.

Il faut espérer qu'une conférence ultérieure, en septembre prochain, apportera la ratification des Etats et constituera l'Union.

En *Hollande*, une loi du 28 juin 1881 (*Staatsblad*, n° 124), mise en vigueur le 1er janvier 1882, réserve aux auteurs la reproduction exclusive de leurs œuvres pendant une durée de cinquante ans, à dater du jour où les formalités prescrites sont accomplies. Pourtant si l'auteur vit encore à l'expiration de ce délai, il conserve ses droits. Pour ce qui est des œuvres qui n'ont pas été publiées, et pour les sermons, discours, etc., prononcés en public, le droit de l'auteur se prolonge sa vie durant et trente ans après sa mort.

Le droit exclusif d'exécuter et de représenter des œuvres musicales ou dramatiques dure aussi toute la vie de l'auteur et trente ans après sa mort pour les œuvres non

---

(1) On en trouvera le texte, avec commentaire du professeur Aloïs d'Orelli, dans la *Revue du Droit international* du 1er décembre 1884. (Librairie Muquard, rue de la Régence, 45, Bruxelles ; — Pedone Lauriel, rue Cassette, Paris). — Cet article a aussi été tiré à part. (Une brochure in-8° de 20 p.).

publiées ; pour celles qui l'ont été, il est de dix ans à dater du jour de l'exécution des formalités requises.

Le droit exclusif de publier des traductions inédites et des conférences orales, dure autant que le droit dont jouit l'auteur ; pour celles déjà éditées, cinq ans seulement à dater du jour où ont été observées les formalités requises. — Ces formalités consistent dans le dépôt de deux exemplaires fait au ministère de la justice par l'auteur, l'éditeur ou le typographe. Ce dépôt doit avoir lieu dans le mois de la publication, dont la couverture de l'ouvrage doit indiquer le jour ainsi que le domicile du déposant. — Il faut, en outre, une déclaration écrite de l'imprimeur, attestant que l'ouvrage a réellement été imprimé dans sa typographie, laquelle doit se trouver dans l'Etat (art. 10). Le *Nederlandsche Staatscourant* (art. 11), donne la liste de toutes les œuvres originales et de toutes les traductions ainsi déposées.

La contrefaçon est punie d'une amende de 500 à 2,000 florins, sans préjudice des dommages-intérêts. Les exemplaires ou les copies de l'œuvre contrefaite et les objets qui ont servi à la contrefaçon sont confisqués et remis, à valoir sur les dommages-intérêts à la partie lésée qui le demande, ou dans certains cas sont détruits (art. 18 et 21.)

En *Angleterre*, une loi protectrice des productions intellectuelles fut promulguée en 1710. Par un statut du 10 avril 1710, en effet, la reine Anne accorda aux auteurs le droit exclusif de faire réimprimer leurs ouvrages pendant vingt et un ans; d'autres statuts de 1735, 1787 et 1794 étendirent beaucoup ce droit et l'accordèrent aux auteurs d'œuvres artistiques.

Actuellement, est en vigueur en Angleterre le statut v et vi Victoria, c. 45, du 1er juillet 1842 (1). Suivant les cas, ce statut reconnaît et protège trois espèces de droits de propriété littéraire : premièrement ceux de la couronne qui sont perpétuels. Ce sont les droits à la publication et reproduction des actes du Parlement, des affaires de l'Etat, des livres de liturgie et des bibles, tous réservés au gouvernement. Il y a ensuite les droits de certains collèges et universités : les collèges de la Trinité, près Dublin, d'Eton, de Westminster, de Winchester, les univer-

---

(1) On appelle *statuts* en Angleterre les lois sanctionnées par le roi avec l'assentiment du Parlement. Ainsi, statut v et vi Victoria, cap. 45, veut dire la 45ᵉ loi sanctionnée par la reine Victoria la cinquième et sixième année de son règne.

sités d'Oxford, de Cambridge, avec les collèges qui en dépendent, et les quatre universités d'Ecosse. Leurs droits sur les ouvrages destinés à l'instruction publiés par eux et pour leur compte exclusif sont garantis à perpétuité ; enfin, les auteurs dont les ouvrages ont paru après le 1er juillet 1842 ont leurs droits garantis pendant la vie entière et pendant sept ans après leur mort aux héritiers.

Les contrefacteurs s'exposent à la confiscation, à une amende de dix livres sterling et à payer le double de la valeur de chaque exemplaire contrefait.

Les moyens légaux pour obtenir justice sont : une action selon le droit étroit, *an action at law, a remedy at law ;* une action selon l'équité : *a remedy in equity, a suit in equity ;* et dans quelques cas un pourvoi sommaire devant les juges de paix. Ce pourvoi a été récemment introduit, particulièrement pour les œuvres d'art.

Pour pouvoir exercer le droit d'auteur sur des œuvres littéraires ou scientifiques, il faut en faire inscrire dans le registre de la compagnie des libraires de Londres (*Stationers' Company*) le titre, la date de la première publication, le nom et le lieu de résidence de l'éditeur, de celui qui a le droit d'auteur, et, enfin, payer une taxe de cinq schellings. Il faut aussi déposer une des meilleures copies de l'œuvre au musée britannique.

Dans les différents Etats de l'*Allemagne*, outre les lois spéciales de chacun d'entre eux, on observait les lois fédérales du 6 septembre 1832, 22 avril 1841 et 19 septembre 1845, qui garantissaient les droits d'auteur la vie entière et trente années après le décès. Dans la nouvelle Confédération germanique du Nord, sortie des guerres de 1866, et remplacée peu après par le nouvel empire d'Allemagne, le droit d'auteur a été sanctionné dans les mêmes termes par les lois du 11 juin 1870 et 1er janvier 1871.

Les contrefacteurs sont condamnés à payer un dédommagement et une amende qui peut s'élever jusqu'à mille thalers. En cas d'insolvabilité, cette peine se change en six mois de prison au maximum.

Pour les ouvrages publiés à l'étranger, on observe la réciprocité.

Pour pouvoir invoquer les droits d'auteur en Allemagne, il faut faire inscrire ses œuvres au registre dit de *Transcription* qui est au municipe de Leipzig. Chacun peut prendre connaissance de ce registre et s'en faire donner des extraits légalisés. La liste des ouvrages enregistrés doit être publiée par le *Journal de la Bourse*, pour la librairie allemande, et, s'il venait à cesser de paraître, par un autre qu'indiquerait la chancellerie de l'empire.

La juridiction suprême, pour toutes les contestations civiles ou pénales, en matière de propriété littéraire ou artistique, appartient au grand Tribunal de commerce de Leipzig, établi pour tout l'empire germanique, par la loi du 12 juin 1869.

En *Russie*, les droits d'auteur duraient la vie entière et vingt-cinq ans après la mort ; mais un ukase du 5 mai 1857 les étend à cinquante après la mort. Dans le cas où une nouvelle édition serait publiée avant la fin des cinquante ans, on aurait dix années de plus.

Les contestations pour violation de ces droits, sont soumises à des arbitres. Si une des parties s'y refuse, l'autre peut aller devant les tribunaux, qui, dans les cas graves, doivent consulter les Universités.

Il est expressément déclaré que la partie lésée peut seule poursuivre la contrefaçon ; son action se prescrit par deux ans, ou par quatre, si l'auteur demeure en pays étranger.

Dans le *Grand Duché de Finlande*, le droit d'auteur est protégé par la loi du 15 mars 1880 (K. F. ang. forfattares hoch Konstnars ratt till alster af sin verksamhet).

D'après cette loi, l'auteur d'un écrit a le droit exclusif de le multiplier par la voie de l'impression ou autrement, et de l'éditer pour le distribuer, soit qu'il existe seulement en manuscrit, soit qu'il ait déja été publié, et aussi de disposer, par contrat ou testament, de ce droit de publication. — Après la mort de l'auteur, le droit de publication, s'il n'a encore été transmis à personne, appartient à sa veuve et à ses héritiers, d'après les règles sur le régime matrimonial et les successions (loi du 27 juin 1878, art. 1).

Pour les ouvrages publiés, portant sur l'en-tête ou quelque autre place usuelle le véritable nom de l'auteur, le droit exclusif de publication dure jusqu'à la mort de l'auteur et cinquante ans après. — Si l'ouvrage n'a pas été publié pendant la vie de l'auteur, ou si l'ouvrage publié n'indique pas son nom, comme il vient d'être dit, le droit exclusif de faire une nouvelle publication dure cinquante ans après la première. — Lorsque, pendant ce délai, il est donné connaissance du nom véritable de l'auteur, sur une nouvelle édition, ou par un avis inséré trois fois dans les journaux généraux du pays, le délai légal de protection s'applique aussi à toute œuvre qui aurait été publiée sous un nom supposé ou sans nom d'auteur (art. 3).

Lorsqu'un ouvrage a été publié en même temps dans des langues différentes, indiquées sur l'en-tête, il est considéré comme composé dans chacune de ces langues. Le droit de publication d'un ouvrage d'un auteur national, comprend aussi le droit exclusif d'en publier la traduction dans une langue nationale, pendant toute la durée de protection, et dans tout autre langue, pendant cinq ans à dater du jour de la première publication. — Sont considérés comme langues nationales, en Finlande, le finnois et le suédois. Le droit exclusif de traduction appartient à l'auteur étranger pendant cinq ans à dater de la publication, à condition d'en avoir fait la réserve sur la feuille d'en-tête (art. 6).

Le traducteur a sur sa traduction le même droit que la loi reconnaît à l'auteur sur un ouvrage original (art. 7).

Quiconque attente au droit appartenant à autrui de publier un écrit ou de faire représenter publiquement sur la scène une œuvre dramatique......, est passible d'une amende de deux cents marcs au maximum, et de dommages-intérêts. Toutes les reproductions illégales sont saisies et confisquées (art. 19).

Quiconque expose en vente, ou distribue de quelque autre manière, par lui-même ou par l'entremise d'un tiers, une œuvre contrefaite, en la sachant telle, est passible d'une amende de deux mille marcs au maximum, et de dommages-intérêts (art. 21).

La saisie d'un ouvrage imprimé s'étend à tous les exemplaires trouvés en possession du publicateur, de l'éditeur ou de l'imprimeur, ou chez le libraire ou tout autre distributeur, ainsi qu'aux clichés, planches et autres instruments destinés à la reproduction de l'ouvrage. Lorsqu'une partie seulement d'un ouvrage imprimé est contrefaite, si cette partie peut, sans difficulté, se séparer du reste, la partie contrefaite est seule confisquée (art. 22).

L'action pénale se prescrit par deux ans à compter du jour du délit. L'action en dommages-intérêts est soumise au délai ordinaire de prescription des actions en indemnité à raison de délits (art. 27). (*Annuaire de Législation étrangère*, 1881, p. 591-598).

En *Espagne*, la loi du 10 janvier 1879 assure aux auteurs litéraires, scientifiques et artistiques, leurs droits pour leur vie entière, et pour quatre-vingts ans à leurs héritiers ou ayants-cause, avec faculté d'en disposer en faveur de tiers. Les mêmes droits sont assurés à l'Etat, aux corps scientifiques, littéraires, artistiques ou autres, légalement établis, pour les ouvrages qu'ils publient. Les éditeurs d'œuvres anonymes ou publiées sous un pseudonyme, ont droit d'auteur.

Le droit d'auteur est limité à vingt ans. Pour les sermons, plaidoyers, conférences et autres discours prononcés en public, les traductions en prose d'ouvrages écrits dans une langue vivante, et aussi les poésies originales publiées dans les journaux, à moins qu'elles ne forment un ouvrage. Le droit de reproduction pour les œuvres dramatiques et musicales, n'est garanti que pour vingt-cinq ans, après la mort de l'auteur, à ses héritiers ou ayant cause.

Pour jouir de ces droits, il faut, avant de mettre l'ouvrage en vente, en déposer trois exemplaires au Ministère *del Fomento*, directement ou par l'intermédiaire du chef politique de la province où l'on se trouve, afin qu'on l'inscrive dans le registre général de la propriété littéraire, qui est déposé au Ministère.

Les auteurs espagnols jouissent de tous ces droits, même pour les ouvrages qu'ils ont publiés à l'étranger.

Portugal. — D'après la loi du 8 juillet 1851, les droits d'auteur durent la vie entière et trente ans après la mort, au profit des héritiers ou ayant droit. Pour l'Etat, les Académies et les autres corps scientifiques ou littéraires, la durée entière des droits est de trente ans. Il en est de même pour les éditeurs, en ce qui concerne les œuvres anonymes ou posthumes.

Le droit de représentation, pour les œuvres dramatiques et musicales, dure toute la vie de l'auteur, qui a ainsi une indemnité à chaque représentation. Il en est de même pour ses héritiers, mais seulement pendant trente ans. — Les œuvres posthumes dramatiques ne peuvent être représentées sans le consentement de leurs propriétaires.

On doit déposer six exemplaires de toute publication, soit au Conservatoire royal, s'il s'agit d'œuvres dramatiques ou musicales, soit à l'Académie des Beaux-Arts, à Lisbonne, pour le dessin ou ce qui s'y rapporte, soit enfin à la Bibliothèque publique de Lisbonne, pour toute autre œuvre. Tous les dépôts sont enregistrés, et il en est donné des extraits qui servent de titre pour agir en justice contre les contrefacteurs.

Les auteurs étrangers sont assimilés aux portugais, pourvu que dans leurs pays, des lois ou des traités garantissent les droits des auteurs portugais.

En *Danemarck*, les lois du 13 décembre 1837, et 29 décembre 1857 protègent les droits d'auteur de la même façon qu'en Portugal, avec cette clause en plus « qu'un ouvrage tombe dans le domaine public, quand, après cinq années, l'éditeur n'en a plus d'exemplaires. — Les droits pour les œuvres anonymes, pseudonymes, posthumes, sont garantis pendant trente ans à partir de leur publication. — Le droit de représentation pour les œuvres dramatiques et musicales, est le même.

Aucune formalité n'est prescrite, en Danemarck, pour obtenir les droits d'auteurs, et des traités internationaux proclament la réciprocité.

En *Suède et Norwège* les lois du 16 juillet 1812, 15 septembre 1828, 12 octobre 1857, 3 mai 1867, 29 avril 1871, 5 juin 1876, 12 mai 1877 et 10 août 1877, assurent aux auteurs d'œuvres littéraires et artistiques, le droit de reproduction et de vente pendant leur vie entière et la transmission à leurs héritiers pour vingt ans.

Le droit de faire publier son ouvrage à l'exclusion de toute autre personne est également assuré pour la traduction d'un dialecte en un autre de la même langue, le suédois, le norwégien et le danois, étant considérés à cet égard comme de simples dialectes de la langue mère scandinave. Tout ouvrage que l'auteur fait publier dans les langues différentes indiquées sur le titre est considéré comme rédigé dans chacune de ces langues séparément. La loi du 10 août 1877 (Lag angaende eganderatt till skrift) reconnaît à l'auteur d'une traduction le même droit de propriété, sans qu'il soit cependant interdit à d'autres personnes d'en faire aussi une du même ouvrage. Si l'auteur cède son droit à un tiers, celui-ci ne peut cependant, sans l'autorisation expresse de l'auteur, publier plus d'une édition du livre, et celle-ci ne dépassera pas mille exemplaires. — Les œuvres dramatiques ou musicales dramatiques ne peuvent être représentées publiquement sans l'autorisation de la personne jouissant du droit d'auteur ; mais ce droit n'est valable que pendant la vie de l'auteur et cinq ans après sa mort. (*Revue de droit international*, t. xv, p. 66).

En *Turquie* une loi de 1872 garantit les droits d'auteur pendant quarante ans pour les œuvres originales et vingt ans pour les traductions. Moyennant une indemnité convenable, le Gouvernement peut faire publier de nouveau un ouvrage qui a déjà paru, et le même droit peut être accordé aux particuliers pour un livre que l'auteur ne fait pas réimprimer, et dont la première édition est épuisée.

En *Grèce*, les auteurs n'ont le droit exclusif de reproduire leurs œuvres que pendant quinze ans ; (Code pénal des 18 et 30 décembre 1833), terme évidemment trop court pour qu'ils puissent recueillir le fruit de leurs pénibles travaux. Parfois sur leur demande ce terme peut être prolongé.

Pareilles dispositions à l'égard des étrangers si dans leur pays, les Grecs sont protégés de même.

En *Italie*, la loi du 18 mai 1882, n° 756 (série 3), résultat de l'initiative parlementaire, donna au roi la faculté de réunir et de fondre en un seul texte les dispositions de cette loi elle-même et même celle des lois du 25 juin 1865, n° 2337 et 10 août 1875, n° 2652, relatives aux droits d'auteur et d'en régler l'exécution.

Des décrets royaux conformes, contenant ce texte unique et le règlement ont paru le 19 septembre 1882. Inscrits dans le recueil officiel des lois et décrets du royaume sous les n°s 1012 et 1013 (série 3); ils se trouvent dans la *Gazette Officielle* des 6 et 10 octobre 1882, n°s 234 et 237.

Les droits de l'auteur durent pendant sa vie entière. S'il vient à mourir avant d'en avoir joui quarante ans, ses héritiers ou ayant cause conservent ses droits jusqu'à l'expiration de cette période, au bout de ce temps, et, que les droits aient été exercés par l'auteur ou ses héritiers, commence une nouvelle période de quarante ans pendant laquelle l'œuvre peut être réimprimée et publiée sans le consentement de celui qui a les droits d'auteur, pourvu qu'on lui donne le 5 p. % sur le prix fort de chaque exemplaire.

Ces dispositions sont fort sages et très bien raisonnées ainsi que le fait ressortir le commandeur Scialoja, dans son rapport au Sénat.

Et en effet; d'abord les œuvres que l'on continue d'éditer au bout de quarante ans sont évidemment les meilleures ou les plus recherchées. Ensuite les auteurs des unes et des autres ont pour réviser et améliorer leurs ouvrages, un temps plus que suffisant, si bien qu'ils n'ont pas à craindre qu'on vienne contre leur gré à en rééditer un qu'ils se proposaient de modifier.

Pour les œuvres de peu d'importance ou d'actualité, quarante ans suffisent et au-delà. Enfin, une fois ce long délai expiré, si quelqu'un entreprend une nouvelle édition, l'auteur n'a pas à se plaindre et ses droits sont suffisamment respectés puisque même alors il reçoit un dédommagement.

D'après les susdites lois italiennes le droit de reproduction exclusive des œuvres imprimées aux frais et pour le compte de l'Etat, des provinces et des communes, n'existe que pendant vingt ans. De même pour les publications des académies et autres sociétés scientifiques, littéraires ou artistiques.

Une œuvre dramatique, une composition musicale destinées à être jouées en public, peuvent, une fois imprimées, être données sans le consentement de l'auteur ou de celui qui a ses droits, pourvu qu'on lui paye un tant sur le produit brut de la représentation.

A défaut d'accords particuliers, ce tant doit être du 10 % si la pièce ou la composition a rempli seule toute la séance. Dans le cas contraire, cette part est proportionnée à celle de la pièce ou la composition dans la durée du spectacle.

Ce 10 % peut être élevé par décret royal, jusqu'au 12 et même au 15 dans les principaux théâtres du royaume.

Pour s'assurer les droits d'auteur, il faut remettre au préfet de sa province trois exemplaires de son œuvre avec une déclaration où l'on désigne l'ouvrage en question, l'année où il a été imprimé ou publié et on déclare vouloir se réserver les droits d'auteur ou d'éditeur.

Quand il s'agit de pièce de théâtre ou de compositions musicales destinées à la représentation, l'auteur ou son ayant cause doit déclarer si elles ont été représentées ou exécutées avant d'être publiées, et dans ce cas indiquer en quelle année et en quel lieu a été donnée la première représentation. On fait ensuite une déclaration par laquelle on interdit la représentation ou l'exécution de ses œuvres à quiconque ne pourra produire un consentement écrit et légalisé de l'auteur ou de ses ayant cause. Cette déclaration peut se faire en même temps que celle de réserve des droits ou bien séparément. — Il faut dans tous les cas payer un droit fixe de 10 fr. pour chaque œuvre.

Les cas de contrefaçons ressortent des tribunaux correctionnels comme contravention à la loi pénale, et sont punis par une amende et par la confiscation des objets contrefaits (art. 394 et s. du Cod. pén. ital.)

L'action pénale s'exerce soit d'office, soit sur la plainte des auteurs, mais dans les deux cas, elles sont publiques, c'est-à-dire exercées dans l'intérêt de la société, et les amendes reviennent au Trésor. Néanmoins est toujours réservée à l'ayant droit l'action civile privée, pour obtenir des dommages.

Dans l'empire *Austro-Hongrois*, la loi du 19 octobre 1846 établit que les œuvres littéraires et artistiques sont la propriété de leur auteur, c'est-à-dire de celui qui les a composées ou exécutées.

Le droit exclusif de production et de reproduction lui appartient sa vie durant, pendant encore trente ans encore après sa mort à ses héritiers, et leurs ayant cause ou à ceux auxquels il l'a cédé. L'année de la mort ne compte pas.

Les droits d'auteur sont garantis pendant trente ans aux

œuvres anonymes, pseudonymes et posthumes. L'année ou paraît l'ouvrage ne compte pas.

Pour les œuvres publiées par les académies, universités et autres corps et instituts littéraires ou artistiques, placés sous la protection particulière de l'Etat, la garantie légale contre la contrefaçon s'étend jusqu'à cinquante ans.

Cette période n'est que de trente ans pour les autres sociétés et corps scientifiques

Dans les cas exceptionnels, et quand il s'agit d'œuvres importantes et dispendieuses, tant littéraires qu'artistiques, l'administration publique peut, à titre de privilège, prolonger en déterminant le nombre d'années, la période des droits d'auteur.

Pour les œuvres musicales ou dramatiques, l'auteur a sa vie entière le droit exclusif de représentation et de production. Ce droit ce prolonge dix ans après sa mort, pour ceux auxquels il l'a cédé, ou pour ses héritiers ou ayant cause. Les œuvres composées par plusieurs auteurs désignés, jouissent d'une même protection, de même que les œuvres anonymes, pseudonymes et posthumes.

En *Hongrie* (1), les droits d'auteur sont réglés par la loi du 1er juillet 1884 (art. XVI).
même année.

Le droit de reproduction appartient exclusivement à l'auteur de l'ouvrage.

La rédaction d'un ouvrage composé de morceaux de plusieurs auteurs est assimilée à l'auteur, si ces morceaux forment un seul tout. Outre cela, un droit distinct sur chaque partie est reconnu à l'auteur dont elle émane.

Le droit de l'auteur se transmet aux héritiers ; il peut aussi être transféré à d'autres.

Le droit d'auteur, tant qu'il appartient à l'auteur, à ses héritiers ou légataires, n'est pas susceptible d'une exécution ; mais bien l'avantage matériel qui, par débit autorisé ou par représentation en public, leur est dû.

L'usurpation du droit d'auteur est interdite. Elle consiste dans la multiplication mécanique, dans la publication et mise en vente d'une œuvre, sans permission de l'ayant droit.

Les traductions jouissent du même bénéfice que les ouvrages originaux (2).

---

(1) Nous devons ces renseignements à l'obligeance de notre ami l'honorable M. Etienne Roessler, professeur à l'Académie royale de Kaschau.
(2) Le § 10 de la présente loi renvoie pour la publication de Lois et

Le droit d'auteur est protégé sa vie durant et cinquante ans après son décès. — Les académies, universités, etc., ont cinquante ans à partir de la première apparition de l'ouvrage.

L'usurpation du droit d'auteur commise sciemment ou par négligence, constitue un délit. — Dispositions pénales : dommages-intérêts, amende jusqu'à 1000 fl., emprisonnement en cas d'insolvabilité, confiscation.

Les actions en usurpation du droit d'auteur sont de la compétence des tribunaux civils qui, pour les questions techniques, peuvent requérir l'avis d'experts.

Les actions en matière de contrefaçon se prescrivent par trois ans.

Quant aux formalités : il est tenu au ministère de l'agriculture, etc, un registre pour les inscriptions des traductions et des noms des auteurs pseudonymes ou anonymes.

La loi est également applicable aux compositions musicales. — A ce point de vue est réputée contrefaçon toute transcription non autorisée et qui ne peut être considérée comme œuvre nouvelle.

Les auteurs d'œuvres dramatiques, de compositions musicales ou œuvres dramatico-musicales ont un droit exclusif de représentation ou d'exécution. — Sont exceptées les compositions musicales publiées et mises en vente, si l'auteur ne s'est pas réservé le droit d'exécution.

Les œuvres d'arts figuratifs jouissent également de la protection, ainsi que les cartes géologiques, géographiques et autres.

Les photographies ne sont protégées que pendant cinq ans après l'expiration de l'année de la production.

En *Suisse*, l'article 64 de la Constitution fédérale de 1874, établit que : « La législation sur la propriété littéraire et artistique est du ressort de la Confédération. » — Et d'après la loi fédérale du 23 avril 1883, mise en vigueur le 1ᵉʳ janvier 1884, les auteurs et artistes, ont le droit exclusif de publication pendant leur vie entière. S'ils meurent avant que trente ans se soient écoulés depuis leur première publication, leurs héritiers ou cessionnaires jouissent de ces droits jusqu'à l'expiration des trente années. — Le principe de la réciprocité est admis par traités internationaux.

Ordonnances à la loi de 1880 (art. LIII). — Aux termes de cette loi, l'Etat s'est réservé, sauf quelques exceptions, le droit exclusif de publier, de vendre et de traduire les Lois et Ordonnances promulguées postérieurement au 1ᵉʳ janvier 1881.

Au *Mexique*, la propriété intellectuelle était d'abord protégée par un décret des Cortès, du 10 juin 1813, qui accordait à l'auteur la reproduction exclusive de ses œuvres pour sa vie entière et aux héritiers ou ayant cause le même droit durant dix années après la mort de l'auteur. — Depuis 1874, le Code civil, au chapitre intitulé : « Du travail » règle entre autres choses la propriété littéraire, artistique et industrielle. — On y distingue la *reproduction* qui est réservée à l'auteur à perpétuité, et la *représentation* qui n'est garantie que pour la vie de l'auteur et trente ans après sa mort.

Aux *Etats-Unis* d'Amérique, les actes du 3 février 1831, 30 juin 1834, 29 août 1842, 20 août 1846, 18 août 1856 et 8 juillet 1870, constituent la législation sur les droits d'auteur. Ces droits sont garantis pour 28 ans à partir de la première publication.

Cette période peut être prolongée de quatorze ans, quand à la fin du premier terme, l'auteur, sa veuve ou ses fils sont encore vivants. — Pour jouir des droits d'auteur il faut, avant la publication d'un ouvrage quelconque en envoyer le titre au bibliothécaire du Congrès. (Librarian of Congress) établi à Washington, qui l'inscrit dans un registre spécial. Une amende de vingt-cinq dollars punit l'omission de cette formalité.

Au *Brésil*, le Code criminel accorde le droit exclusif de publication et de reproduction des œuvres littéraires et artistiques pour toute la vie de l'auteur, et pour dix ans aux héritiers. — Si les œuvres susdites appartiennent à des corporations, le droit d'auteur ne dure que dix ans.

Au *Canada*, la durée des droits d'auteur est fixée à vingt-huit ans, à dater du jour où l'ouvrage a été enregistré et déposé (deux exemplaires) au ministère de l'agriculture.

Au *Chili*, les lois du 24 juillet 1834 et 9 septembre 1840, garantissent aux auteurs, le droit de reproduction exclusive pour toute leur vie et après eux pour cinq ans à leurs héritiers ou ayant cause.

Quant au *Japon*, voici ce que nous écrit l'illustre professeur Appert : « Les lois Japonaises reconnaissent aux auteurs qui en font la demande préalable, le privilège de reproduction pour leurs ouvrages pendant trente ans.
» Tout individu qui veut publier un ouvrage non périodique doit en adresser le manuscrit ou un exemplaire à l'administration, laquelle peut interdire la publication.

— 23 —

» Le Ministère de l'Intérieur dresse et publie à intervalles réguliers la liste des nouveaux ouvrages publiés. »

Nous ne pouvons mieux terminer ce court et aride travail que par ces paroles de l'illustre avocat Losanna : « De l'histoire, il ressort d'une manière lumineuse que la civilisation en étendant peu à peu ses conquêtes, reconnaît et consacre les droits de l'intelligence, sans pourtant les exagérer et les changer en privilèges, en leur accordant une pérennité dangereuse et utopiste. Et si aujourd'hui les diverses législations sur les droits d'auteur quoique d'accord sur les points principaux, diffèrent sur beaucoup d'autres articles secondaires, si on professe les opinions les plus disparates sur l'essence et la durée de ce droit, cela ne saurait étonner celui qui considère que c'est une loi fatale de l'humanité de ne pouvoir atteindre la vérité du premier élan.

C'est seulement après mille erreurs, après les recherches patientes et obstinées de nombreuses générations que l'on parvient à la trouver pleinement et parfaitement.